LE
DROIT D'ASILE

ET LE

TRAITÉ D'EXTRADITION

ENTRE LA

SUISSE ET LA FRANCE

PÉTITION AU CONSEIL FÉDÉRAL

ET

MÉMOIRE

ADRESSÉ AUX AUTORITÉS FÉDÉRALES ET CANTONALES
DE LA CONFÉDÉRATION SUISSE

PAR

L'ASSOCIATION POLITIQUE OUVRIÈRE NATIONALE
DE GENÈVE

PRIX : 50 centimes

GENÈVE
IMPRIMERIE COOPÉRATIVE, RUE DU CONSEIL-GÉNÉRAL, 8
1871

PÉTITION

AU

CONSEIL FÉDÉRAL

ADRESSÉE PAR

L'Association politique ouvrière nationale

Genève, le 23 Juillet 1871.

Monsieur le Président,

Messieurs les Conseillers Fédéraux,

L'Association politique ouvrière nationale a l'honneur d'appeler votre attention sur ce qui suit :

Considérant :

1° Que ces derniers jours les réfugiés français, venant de Paris, ont été menacés d'arrestation sur la demande d'extradition formulée par le gouvernement de Versailles et transmise par le Conseil Fédéral au Conseil d'Etat de Genève ;

2° Que l'un d'eux, M. Razoua, a été arrêté

dans un établissement public comme un malfaiteur et écroué dans nos prisons sous l'inculpation d'être voleur, incendiaire, assassin, etc., etc.;

3° Que les autres réfugiés ne peuvent éviter le même sort que par l'éloignement forcé, ou en se soustrayant aux recherches de notre police doublée d'agents étrangers.

4° Que le droit d'asile est ainsi refusé aux hommes, dont la participation aux événements de Paris a été essentiellement politique et qu'on ne saurait sans une violation flagrante de toutes les notions du droit des gens, dépouiller du caractère de réfugiés politiques.

5° Que dans la lutte des deux partis, dont l'un avait sa représentation à Versailles et l'autre à Paris, le droit international nous impose le devoir de reconnaître aux adversaires le titre de belligérants possédant chacun son gouvernement, son armée et ses finances; et, cela surtout en vue de la mission spéciale de l'Assemblée de Versailles et de l'élection régulière des autorités de la Commune de Paris.

6° Que dans la guerre civile et dans ces conditions on doit d'après le droit des gens envisager tous les événements douloureux comme dans toute autre guerre, entraînant inévitablement la mort, la destruction d'immeubles et tous les autres accidents funestes d'une lutte sanglante, qui néanmoins ne peuvent jamais être taxés, comme étant l'effet d'un crime, d'un délit de droit commun provoqué par un mobile personnel; (voir le mémoire sur les jugements des auteurs du droit international concernant les otages, la confiscation, l'arrestation et même les incendies) attendu que :

a) Le traité de 1869 sur lequel prétend se baser le gouvernement de M. Thiers, exclut formellement toute possibilité d'extradition pour les délits politiques, *ni pour aucun fait connexe à un semblable délit.* (Art. 2 du traité);

b) Que même pour les crimes ordinaires du droit commun, le traité exigeait que les individus réfugiés soient poursuivis et condamnés comme auteurs ou complices par les *tribunaux compétents*, et que les conseils de guerre ne peuvent jamais être assimilés à des *tribunaux compétents*, n'offrant aucune garantie, ni d'impartialité, ni d'humanité exigées par le droit international;

c) Que ces conseils de guerre par leur existence même démontrent clairement le *caractère politique* des persécutions;

d) Que dans ces conditions, livrer les réfugiés politiques au gouvernement de M. Thiers serait un fait sans précédent dans l'histoire suisse; un fait qui équivaudrait à la complicité dans la vengeance qui poursuit sans discernement les adversaires politiques du parti triomphant actuellement;

e) Que ce fait serait aggravé d'une responsabilité d'autant plus grande que les défenseurs de la révolution communale de Paris se sont réfugiés en Suisse, confiants en sa neutralité et sur la foi de la déclaration récente du Conseil Fédéral confirmant le droit d'asile et l'inviolable hospitalité aux réfugiés politiques.

Par ces raisons :

1° Proteste contre les procédés dont sont atteints les réfugiés français, venant chercher dans notre pays l'abri contre les persécutions haineuses.

2° Prie instamment les Autorités fédérales de s'occuper de cette question de la plus haute gravité, où les principes les plus sacrés de nos institutions sont en jeu, et où tous nos intérêts républicains et humanitaires, sont atteints d'une manière si inattendue ;

3° Prie les Autorités fédérales de vouloir bien affirmer catégoriquement l'inviolabilité de notre droit d'asile, et de ne pas tolérer que, sur la fausse interprétation du traité par les autorités françaises, les réfugiés politiques soient tourmentés par les poursuites et menacés d'extradition ;

4° Prie les honorables membres du Conseil fédéral de prendre connaissance de l'exposé des motifs de notre pétition, contenu dans le mémoire (adressé à tous les membres des divers conseils de la Confédération suisse), ainsi que l'adresse de l'assemblée populaire de Genève (29 mai) au Conseil fédéral par rapport au même sujet ;

5° En dernier lieu, l'Association politique ouvrière nationale peut assurer les honorables membres du Conseil fédéral, du sentiment unanime du peuple genevois à vouloir soutenir de toute son énergie, l'inviolabilité de notre droit d'asile et d'hospitalité, base essentielle de la neutralité et de l'indépendance de la République suisse.

Au nom de l'Association :

| *Le Président,* | *Le Secrétaire,* |
| H. PERRET. | F. CANDAUX. |

LE

DROIT D'ASILE ET LE TRAITÉ DE 1869

MÉMOIRE

JOINT A LA PÉTITION ADRESSEE PAR L'ASSOCIATION POLITIQUE OUVRIÈRE NATIONALE DE GENÈVE

Le propre de tous les mouvements politiques, de toutes les crises révolutionnaires ou réactionnaires est de soulever les sentiments les plus passionnés, les opinions les plus contradictoires. Le propre de ces mouvements est encore de voir les vainqueurs poursuivre les vaincus sans discernement ni générosité. Mais, en même temps, deux faits restaient jusqu'à présent pour ainsi dire acquis et irrécusables, relativement aux crises politiques : d'un côté, on n'a jamais refusé aux vaincus le titre de victimes politiques ; d'autre part on n'a jamais songé jusqu'à présent à dépouiller les pays neutres de leur droit le plus sacré, le droit d'asile à accorder aux victimes des catastrophes politiques.

Le principe du droit d'asile est inscrit dans le code du droit des gens, du droit international et le juriste renommé, M. Bluntschli, le résume d'une manière péremptoire :

« Chaque Etat a le droit de donner asile sur son territoire aux personnes accusées de crimes politiques. *Il n'est jamais tenu de les extrader ou de les expulser.* » (1)

Ce droit d'asile est devenu pour la Suisse une des bases fondamentales de sa vie politique, comme l'a dit l'adresse de l'Assemblée populaire de Genève au Conseil fédéral. Le Droit Public Suisse constate officiellement que : « les autorités supérieures de la Confédération ont de tous temps, *à l'unanimité et sans opposition* proclamé le principe que la Suisse *accorde un asile aux proscrits politiques de tous les partis.* » (2)

Forte et inébranlable dans ce principe, la Suisse n'a jamais craint de braver les prétentions haineuses des gouvernements monarchiques.

Au nom de ce principe, elle était prête à se lever toute entière, comme en 1838, pour un seul individu, envers lequel elle n'éprouvait ni sympathie ni estime. C'est qu'elle faisait abstraction de personnalités et n'était guidée dans sa noble conduite uniquement que par son attachement séculaire au principe d'hospitalité et d'asile.

Et lorsque plus tard les menées coupables des partis réactionnaires et des prétendants provoquèrent l'insurrection de juin 1848, la Suisse n'hésita pas un seul moment d'accorder l'asile

---

(1) *Bluntschli :* Le droit Internationnal codifié. Article 396. p, 219.

(2) Le Droit Public Suisse, par Ullmer et Borel. 1858, t. I, p. 333.

aux insurgés vaincus, et cela malgré que les
mêmes accusations (de vol, d'incendie et de
meurtre dont on voudrait noircir les défenseurs
de Paris) accablaient alors les insurgés. La Suisse
comprenait fort bien que de pareilles accusations
ne sont que des inventions gratuites de l'imagi-
nation des vainqueurs en chasse contre des
adversaires politiques.

Devant toutes les réclamations des gouvernements voisins, tout ce que la Suisse
demandait aux réfugiés, c'est qu'on ne fasse pas
abus du droit d'asile : « L'abus fait du droit
d'asile, notamment la participation à des insurrections contre des Etats voisins, entraînait l'ex-
pulsion. » (1) Mais, comme on le voit par cet exemple même, jamais l'idée *de l'extradition pour par-*
ticipation à des insurrections ne se présentait
comme possible et admissible aux autorités
suisses.

La situation de la Suisse devint des plus cri-
tiques au moment du Coup d'Etat du 2 décembre
1851. Devant les attaques et les menaces de
l'homme qui lui payait son hospitalité, par la
plus noire ingratitude, la Suisse se trouvait
presque seule et isolée pour défendre les bases
de ses institutions républicaines. Et alors cependant il ne s'agissait pas d'extradition. Malgré
son omnipotence, malgré sa prépondérance
militaire, malgré l'appui que lui prêtaient les
gouvernements autrichiens et russes, Napoléon

---

(1) Droit Public Suisse, p. 332.

Bonaparte n'étendait pas ses prétentions jusqu'aux exigences actuelles du gouvernement de Versailles.

Le ministre de Bonaparte voulait obtenir du Conseil fédéral « l'engagement formel que toutes les *expulsions* que je me trouverai dans le cas de provoquer, me seront accordées *à quelque catégorie de réfugiés français* que cette mesure doive s'appliquer, et que les ordres du pouvoir central seront exécutés dans un délai convenu à l'avance, sans pouvoir, comme il me serait facile d'en citer des exemples, être atténués ni *éludés* sous aucun prétexte, par les autorités cantonales. »

La demande du gouvernement français se terminait par une menace des plus catégoriques : « Une attitude différente ne tarderait pas à entraîner des complications fâcheuses et à imposer notamment au gouvernement de la République française le devoir d'aviser à des mesures... auxquelles il *aurait recours* bien malgré lui, si la demande n'atteignait pas son but. » (1)

Cette demande du gouvernement français fut officiellement appuyée par l'ambassadeur d'Autriche.

Le Conseil fédéral suisse n'hésita pas néanmoins à refuser catégoriquement d'obtempérer à cette exigence humiliante. De son côté, l'ambassadeur du cabinet anglais à Paris, comprit que

---

(1) Der Staatsstreich vom 2. December 1851 und seine Rückwirkung auf Europa. Leipzig, 1858, p. 90. Cfs. Le Droit Public Suisse.

l'insulte jetée à la Suisse l'était aussi indirecte-
ment à l'Angleterre, qui n'a jamais encore tran-
sigé sur le principe du droit d'asile et qui est
plus que toute autre nation jalouse de sauvegarder intacte son hospitalité offerte toujours et
sans restriction à tous les réfugiés par suite d'é-
vénements politiques.

L'ambassadeur anglais intervint pour faire
comprendre au gouvernement français que ses
prétentions portaient une atteinte des plus graves à l'indépendance de la Suisse, sur quoi le
ministre français avoua qu'il ne s'agissait pas
seulement de la question des réfugiés, mais aussi
de toute une suite « d'affronts et de griefs » qui
démontraient la secrète intention de la Confédération de blesser le gouvernement français; que
ce gouvernement ne pouvait pas tolérer que la
presse suisse excite le peuple français à prendre
les armes, et se serve d'un langage blessant pour
le président (Bonaparte!), que les gouvernements cantonaux couvrent de leur protection les
doctrines socialistes, et que la conduite du gouvernement fédéral est pleine d'équivoques et de
mensonges; qu'enfin la neutralité ne pouvait
plus couvrir de pareils procédés et que tous les
États étaient intéressés à ce que la Suisse ne
soit plus le foyer des doctrines socialistes!.....

Toutes ces menaces, tout ce courroux ne
changèrent pas la ligne de conduite des autorités
fédérales, et nous sommes bien aise de pouvoir
rappeler ces paroles, extraites de la réponse du
Conseil fédéral au gouvernement français :

« Si le Conseil fédéral *ne refusait* pas d'obtempérer à cette demande, *il violerait de la manière la plus grave* la Constitution fédérale ainsi que ses devoirs les plus sacrés envers le pays qui lui a confié le pouvoir directorial et exécutif suprême, car il doit y voir une grave atteinte portée à l'indépendance, à la dignité et à la liberté de la Confédération; il doit voir de plus dans cette demande une immixion formelle dans les affaires intérieures, car le gouvernement français ne saurait cependant, *sans méconnaître les notions les plus positives du droit des gens, vouloir imposer sa manière de voir à d'autres États et leur contester le droit de décider eux-mêmes ce qu'ils ont à faire et ce qu'ils peuvent tolérer sur leur territoire.* »

Cette réponse du Conseil fédéral se terminait par l'invocation suivante à la volonté du peuple suisse : « Les menaces qui terminent la note (du gouvernement français) ne sauraient faire sortir le Conseil fédéral de la voie qui lui est tracée tant par le sentiment profond de son devoir que par les règles du droit international, et, *il ne peut en douter, par la volonté du peuple suisse.* » Devant cette attitude de l'autorité fédérale soutenue par la *volonté du peuple suisse,* les gouvernements français et autrichien durent retirer leurs prétentions, et l'indépendance, la neutralité et le droit d'asile de la Suisse furent ainsi sauvegardés, non par de serviles concessions, mais par la conduite ferme, résolue et digne des représentants du peuple suisse.

La question des réfugiés, —qui n'a cessé d'exciter les convoitises haineuses de l'ombrageux

despote,—revint sur le tapis à la suite de l'atten-
tat d'Orsini. « Il prit, dit un historien suisse, (1)
un des attentats contre sa vie, — détestée avec
raison, — pour prétexte de nouvelles tentatives de persécution contre les réfugiés français
se trouvant à Genève ; il introduisit toutes sortes
de mauvaises chicanes avec les passeports en vue
de causer des désagréments à la Suisse, il nom-
ma de nouveaux consuls à Genève et à Bâle, les
nantit de nouvelles attributions policières par
rapport aux voyageur sallant en France, et cher-
cha ainsi à réduire les consuls en une sorte
d'espions officiels. »

En même temps, il provoqua l'affaire de la
vallée des Dappes, mais tout ceci vint se briser
contre la volonté du peuple suisse et de ses autorités à sauvegarder intact le droit d'asile. De
sorte, qu'en 1859, le Conseil fédéral pouvait
avec raison et justice confirmer ses dé-
clarations précédentes : « La Confédération a,
avec un certain nombre d'États, des traités sur
l'extradition des criminels......, mais tous ces
traités consacrent le principe que l'extradition
ne peut être réclamée que pour des crimes
graves et qu'elle ne peut jamais l'être pour des
crimes ou délits politiques. » (2)

----

(1) Otto Henne, Am-Rhyn., Geschichte des Schwei-
zervolks und seiner Kultur. 1866, t. III, p. 550.
(2) Droit Public Suisse, t. I, p. 621.

II.

Si nous avons rappelé ici quelques faits du domaine de l'histoire récente de la Suisse, c'est pour pouvoir dire maintenant que nous nous refuserions de comprendre comment la Suisse pourrait de nos jours renoncer légèrement à son beau rôle et jeter au vent les grands principes humanitaires pour lesquels ses ancêtres avaient combattu à maintes reprises, pour la défense et la sauvegarde desquels jamais elle n'avait hésité de se lever et d'être prête à affronter toute éventualité plutôt que de sacrifier son droit d'asile, et avec lui, son indépendance, sa neutralité dans le sens le plus beau et le plus sérieux de ce terme!

Un gouvernement étranger qui a émis récemment la prétention de vouloir abaisser tous les autres gouvernements jusqu'au rôle indigne de ses agents de police, voudrait aujourd'hui se prévaloir du traité d'extradition conclu en 1869 entre la France et la Suisse, au sujet des malfaiteurs et des criminels.

Or, à présent, il n'y a pas lieu de le dissimuler, ce traité fut le produit de l'époque impériale; et pour l'honneur du peuple suisse, nous ne doutons nullement que si les faits postérieurs, dévoilés après la chute de l'empire, sur le caractère vénal de la magistrature impériale, si ces faits étaient connus comme ils le sont maintenant, certes jamais un traité pareil n'aurait été signé par les représentants du peuple suisse.

Ce traité livre l'être humain au pouvoir arbitraire, lequel n'est guidé que par des motifs personnels ou dynastiques et qui n'est servi que par une magistrature servile et corrompue dont les jugements sont dictés à l'avance par le chef du pouvoir exécutif! Dans ces conditions-là, l'on aurait pu avec raison se rappeler qu'en général on doit respect et justice à la vie humaine (fût-ce même la vie d'un criminel), et le sentiment du peuple suisse aurait certainement résisté à livrer des gens à la condamnation, — brutale et sans discernement, — de tribunaux, dont la seule comparaison avec les tribunaux d'un pays libre serait une honte et un affront pour ce pays.

Mais, en faisant abstraction de ces considérations générales, en envisageant la situation actuelle telle qu'elle est faite par le traité de 1869, l'interprétation que le gouvernement de Versailles cherche à donner à cet acte de l'empire bonapartiste, est aussi odieuse qu'inadmissible.

En vertu de ce traité, le gouvernement de Versailles voudrait, pouvoir assouvir sa haine contre les vaincus, joignant l'insulte la plus révoltante au malheur le plus terrible — en s'arrogeant le droit de traiter les adhérents de la Commune, comme des malfaiteurs et des criminels. Il est vrai, en effet, que des esprits clairvoyants eurent, en 1869, des appréhensions sur la possibilité de l'interprétation déloyale du traité, relativement aux événements politiques. Mais les explications données par le Conseil fédéral, aux Chambres fédérales, les assertions de ses membres que jamais les clauses du traité ne pourraient être appliquées aux affaires politiques — durent être considérées par le peuple suisse comme l'interprétation officielle seule admissible et renfermant en elle l'engagement solennel des deux parties de ne jamais recourir à de fausses spéculations sur les articles du traité.

L'avenir, malheureusement, devait donner raison aux alarmistes du temps de la ratification du traité. Ce que même le gouvernement de Bonaparte se considérait en devoir de respecter,— est aujourd'hui foulé aux pieds par le gouvernement de Versailles.

Les réfugiés politiques, les membres du gouvernement de la Commune, élus librement par le peuple de Paris, les fonctionnaires publics — civils et militaires — nommés par ce gouvernement — sont poursuivis maintenant, et leur extradition est demandée en vertu des articles du traité concernant les malfaiteurs et les criminels !

L'énumération des différents crimes et délits inventés par Versailles pour obtenir l'extradition de M. Razoua, le premier arrêté parmi les hommes menacés d'arrestation, — cette énumération offre un éclatant exemple de ce que Versailles est résolu de faire. Toute cette énumération se rapporte en effet aux différents paragraphes de l'article 1er du traité, — article contenant les cas de délits et crimes du droit commun, article qui se termine par ce résumé significatif : « sont compris dans les qualifications précédentes les *tentatives de tous les faits punis comme crimes dans le pays réclamant* et celles de délit de vol, d'escroquerie et d'extorsion. »

A côté de cela l'*Art. 2* dit: « Les crimes et délits politiques sont exceptés de la présente convention. » Il semblerait que dès lors il n'y aurait plus aucune possibilité de confondre les hommes accusés de délits politiques avec ceux accusés de délits communs ! Il semblerait que l'*Art. 2* veut dire expressément que l'extradition ne peut, en aucune manière, s'appliquer aux hommes politiques et qu'en aucune façon ils ne peuvent tomber sous le coup de l'inculpation *octroyée* par l'art 1er. Car, d'un côté, si les délits politiques peuvent être interprétés comme délits communs, il aurait été inutile et injuste d'intercaler dans le traité l'art. 2. D'autre part, nous nous demandons sérieusement: Quelle serait l'insurrection — l'action souverainement politique et non criminelle — dont les auteurs peuvent être à l'abri de certaines clauses de l'article 1er, une fois qu'on ne veut plus considérer le caractère essentiel, les motifs principaux d'un acte quelconque? C'est ainsi, par exemple, que le § 13 de l'art. 1er fait tomber sous le coup de l'extradition ceux qui commettent le crime qualifié: coups et blessures *volontaires* ayant occasionné soit la mort, soit, etc...! Or, une insurrection peut-elle se faire sans ces coups et blessures? Et certes, on peut ajouter coups et blessures *volontaires*, puisque le peuple qui s'insurge prend les armes *volontairement*, guidé par sa *volonté* d'abattre l'esclavage et la misère.

Le § 31 du même article 1er, statue sur l'extradition pour « toute destruction, dégradation
ou dommages de la propriété mobilière ou immobilière. » Ainsi un omnibus, réquisitionné pour
les barricades — fait tomber les insurgés sous
le coup de cet article, puisque c'est une destruction ou dégradation de la propriété mobilière;
quelques balles parties des barricades et allant
se loger dans le mur d'une maison, entraînent
nécessairement aussi l'application de cet article,
puisque c'est une dégradation ou dommage de
la propriété immobilière. L'insurrection fait fer-
mer la Bourse, la panique fait baisser la rente, les
boutiques se ferment et le commerce s'arrête —
pourquoi un gouvernement de Versailles n'aurait-
il pas le droit de réclamer l'extradition de tous
les insurgés réfugiés, puisqu'ils avaient été
auteurs ou complices des « dommages de la propriété mobilière ? »

Il est vrai que le traité ne prévoit point le
cas, où les travailleurs *privés* de leur seule et
unique propriété mobilière et immobilière — de
leur travail — par les auteurs et complices des
guerres sanglantes, voudraient un jour réclamer
l'extradition de ces empereurs et rois, ministres
et maréchaux !

Personne ne songerait à demander par exemple l'extradition du conspirateur du 2 décembre
pour « séquestration ou détention illégale de
personnes » — (§ 17, de l'art. 1er) — par la-
quelle il inaugura son Coup d'Etat et qu'il prati-
qua durant 20 années consécutives.

2

Personne aussi ne songerait à demander, le cas échéant, l'extradition de J. Favre, E. Picard et consorts du gouvernement du 4 septembre — pour « contrefaçon des sceaux de l'Etat et de tous timbres autorisés par les gouvernements respectifs et destinés à un service public » : (§ 22me art. 1er), et cependant c'est un fait irréfutable que, si jamais il fût un gouvernement usurpateur, complétement illégal, ce fut certes le gouvernement du 4 septembre, et certes, aucun gouvernement, aucune association de conjurés, aucune force insurrectionnelle n'a jamais fait couler *volontairement* tant de sang, occasionné tant de meurtres inutiles, tant d'incendies, tant de destruction de la propriété mobilière et immobilière, que les hommes du 4 septembre, durant ce simulacre de guerre, — *simulacre*, d'après les aveux mêmes du général Trochu, déclarant que lutter contre la Prusse était une chose impossible, « une folie sublime, » et d'après ceux de M. Thiers, accusant M. Gambetta et la délégation de Tours, d'avoir voulu organiser la résistance qui, selon M. Thiers, était une chose inutile et funeste !

Si nous faisons cette courte digression, c'est que nous ne pouvons songer sans horreur à ces *délits*, avoués par la bouche de leurs auteurs et qui ont eu des conséquences aussi fâcheuses pour notre Patrie, obligée de se mettre sous les armes et de recueillir cent mille hommes en détresse, au nom de son principe inébranlable de neutralité et d'hospitalité.

Et pour toute reconnaissance, nous voilà obligés d'assister à ce spectacle de scandale et d'humiliation, où les auteurs mêmes de tous ces malheurs viennent nous réclamer l'extradition des hommes d'un peuple, dont la patience se lassa au bout d'une année terrible, et qui s'éleva pour réclamer de meilleures garanties d'existence paisible et honnête. Et, pour réclamer cette extradition, on vient se baser sur tous les paragraphes de l'art. 1er du Traité de 1869! Et c'est ainsi que les hommes qui employèrent tous les sceaux et les timbres de l'Etat, demandent maintenant l'extradition de ceux qui *osèrent*, sans en demander *leur* autorisation, employer les sceaux et les timbres de l'Etat, en traitant cet emploi de « contrefaçon, » etc. (§ 22, art. 1er).

III

Par ces quelques réflexions nous voulions montrer jusqu'à quelle *absurdité*, jusqu'à quelle *monstruosité* nous entraînerait la prétention du gouvernement de Versailles de vouloir appliquer aux insurgés, aux combattants politiques, un traité conclu spécialement en vue des malfaiteurs et des criminels ! Les jurisconsultes officiels de Versailles persistent à ignorer le second article du traité, et nous devons encore une fois le rappeler ici. Nous devons encore une fois répéter que, si on voulait effacer toute distinction entre le crime du droit commun et les actes politiques, traités de délits politiques, — si le traité voulait dire que tous les délits énumérés dans l'art. 1er peuvent être appliqués à l'action insurrectionnelle, à l'état de guerre entre deux partis politiques, — alors le traité n'aurait pas contenu, après ce 1er article, un second, ainsi conçu :

« *Les crimes et délits politiques sont exceptés* de la présente convention. Il est *expressément stipulé* qu'un individu dont l'extradition aura été accordée, ne pourra, *dans aucun cas*, être poursuivi ou puni pour un délit politique antérieur à l'extradition, *ni pour aucun fait connexe* à un *semblable* délit. »

Est-il clair que cet article n'admet aucune possibilité de confondre les actes, les faits *connexes* aux délits politiques, avec les crimes prévus par l'art. 1er ? Cela veut-il dire, oui ou non, que tous les actes, commis en *connexion*, en rapport quelconque avec l'action politique, ne peuvent, en aucune façon, être *assimilés* aux crimes et délits du droit commun ?

Nous croyons qu'à cet effet il ne peut y avoir deux opinions contraires, et nous ne pouvons considérer que comme un outrage au sens moral, à l'intelligence du peuple suisse, la prétention de certain gouvernement de nous supposer capables de participer et de vouloir admettre la perversion totale des notions les plus élémentaires du Droit Public Suisse et du Droit International.

Si nous voulons nous appuyer sur les témoignages des traités du droit international en général, et sur les jugements de la presse anglaise en particulier, en ce qui concerne le cas présent — nous y trouverons la justification la plus éclatante de notre point de vue.

Nous mentionnons la presse anglaise, parce que d'un côté — c'est la presse la plus libre en Europe, d'autre part, la question qui émeut profondément le peuple suisse, a la même importance pour le peuple anglais. Le gouvernement de Versailles se flattait de l'espoir d'arracher ses adversaires vaincus et réfugiés, aussi bien à l'Angleterre, qu'à la Suisse. L'opinion publique s'est prononcée catégoriquement contre cette arrogante et injustifiable prétention, et la plus parfaite sécurité est garantie aux réfugiés qui débarquent sur le sol anglais. Il est profondément regrettable pour notre pays, que la République suisse soit dans le cas de se laisser dépouiller des garanties immuables dont la monarchie anglaise entoure le droit d'asile. Personne, en effet, ne peut contester que le réfugié trouve beaucoup plus de garanties devant les tribunaux que lorsqu'il est exposé au pouvoir exécutif, pouvoir discrétionnaire, pouvoir dont les agents subalternes, (agents de police), sont loin d'être à l'abri de reproches, et peuvent causer, *de connivence avec les agents de police étrangère*, des préjudices irréparables à un citoyen qui a tant de droits à notre hospitalité.

Or, en Angleterre, le réfugié, en aucun cas, fût-il le criminel le plus dangereux, ne peut être extradé sans avoir été jugé par le tribunal anglais (le jury); son arrestation préventive ne peut avoir lieu qu'après l'examen consciencieux de la magis-

trature, et lors même que le tribunal aurait jugé
le réfugié passible d'extradition, le réfugié a le
droit de recourir, dans la durée de 15 jours, à la
cour d'appel, à la cour suprême (cour du banc
de la reine), qui prononce en dernier lieu et
dont l'impartialité est à l'abri de tout soupçon (1).

C'est ainsi que l'Angleterre satisfait aux principes élémentaires de la justice, en offrant toutes
les garanties à un homme malheureux, se fiant à
elle pour protéger ses droits d'homme et de
citoyen, son droit d'appartenir et de prendre
part à l'action de tel ou tel autre parti politique.

L'Angleterre a compris qu'il n'y avait pas de
justice à attendre des tribunaux d'un pays, dont la
magistrature passe d'un jour à l'autre au service
du parti victorieux, pour persécuter les victimes
du parti vaincu.

Dans son code du droit international, M.
Bluntschli dit expressément que dans le cas où
il existe des traités d'extradition spéciaux « l'obli-
gation d'extrader ne doit se rapporter qu'aux
crimes graves et ne *subsiste* que si la justice pé-

---

(1) Il est utile de noter ici, qu'en prévision de
pareille éventualité, c'est-à-dire d'un procès judi-
ciaire, concernant les délégués de la Commune, les
avocats les plus célèbres de Londres se sont cons-
titués en comité de défense offert gratuitement aux
réfugiés de la Commune. Heureusement et pour
l'honneur du peuple anglais, la justice anglaise a jugé
le cas trop évident pour avoir besoin de jugement
quelconque et les réfugiés jouissent de la plus grande
liberté.

nale de l'Etat qui demande l'extradition *offre des garanties suffisantes d'impartialité et d'humanité.* (1) »

Cette impartialité, cette humanité ne sont-elles pas foulées aux pieds d'une manière atroce et sans précédent dans l'histoire de la civilisation, par le gouvernement qui fusille les femmes et les enfants par milliers, qui tue les hommes sur les pontons en leur réservant la mort dans la déportation!

Et lors même qu'il s'agirait de criminels du droit commun, l'entête de l'art. 1er du traité de 1859 dit : « les deux gouvernements s'engagent à se livrer réciproquement... les individus réfugiés en France et *poursuivis* ou *condamnés* comme auteurs ou complices par les *tribunaux compétents* pour les crimes et délits énumérés, etc. »

Et où sont ces *tribunaux compétents?* Est-ce que les *conseils de guerre* seraient ces tribunaux *compétents* pour juger les délits du droit commun? La simple logique proteste contre pareille assimilation des conseils de guerre aux tribunaux compétents. Les conseils de guerre sont essentiellement *du domaine politique* et ce fait seul doit suffire pour refuser péremptoirement toute demande de Versailles.

Une autre considération, non moins grave, vient à l'appui de notre demande. La fin de ce premier article dit : « *dans tous les cas,* crimes ou délits, l'extradition ne pourra avoir lieu que

---

(1) Bluntschli, art. 395, 2e alinéa.

lorsque le fait similaire sera punissable dans le pays auquel la demande est adressée. »

Or, la similitude de fait suppose et demande aussi la *similitude de la peine*, mais nous savons très-bien que c'est la mort ou la déportation qui seraient la peine réservée aux réfugiés extradés ; or, ni la mort, ni la déportation n'existent dans le code pénal de la République de Genève, et la révision fédérale doit nécessairement abolir la peine de mort dans tous les autres cantons.

Comment pourrions-nous donc assister sans la plus profonde indignation, à cette révoltante et terrible livraison d'hommes, qui seraient infailliblement condamnés à des peines réprouvées irrévocablement par tous les principes politiques et humanitaires qui font l'honneur du peuple suisse ?

IV.

Que les Autorités fédérales veuillent bien examiner toutes ces considérations. Elles verront que le traité de 1869 est vicieux et préjudiciable pour notre honneur sous tous les rapports, et faute de pouvoir y renoncer dès ce moment, le peuple suisse est en droit de s'attendre à ce que les Hautes Autorités n'admettent point d'équivoque, point d'interprétation déloyale, et qu'elles se prononcent solennellement, en proclamant l'inviolabilité de notre droit d'asile, la sauvegarde, intacte et pure de toute souillure, de notre hospitalité, offerte sans réserve à tous les refugiés politiques, à tous ceux qui ont pris part à la révolution communale de Paris.

Nous ne pouvons pas rester indifférents, — et l'émotion gagne de plus en plus la classe ouvrière, et, nous l'espérons, les autres classes aussi, — à la vue de l'outrageant spectacle des poursuites qui se font dans notre canton.

Nous ouvriers, qui sommes liés solidairement par le travail avec les ouvriers du monde entier, nous ne pouvons pas assister paisiblement aux procédés illicites des agents étrangers ; vous le savez bien, que la classe ouvrière a pris une large part à la révolution de Paris, et que, partant de là, la plupart des réfugiés appartiennent à cette classe : ils viennent chez nous, sûrs de notre hospitalité et espérant trouver la vie honnête dans les ressources de leur travail quotidien.

Mais, peuvent-ils, ces pères de famille, s'assurer du travail, lorsqu'ils sont menacés d'arrestation à chaque moment, lorsqu'ils sont obligés de se cacher ?

On a déclaré que la demande d'extradition n'entraînait que l'arrestation provisoire de quinze jours. Mais, d'un côté, ces quinze jours de privation, de chômage, d'incertitude sur l'issue de l'arrestation—est-ce cela que l'hospitalité suisse doit offrir aux réfugiés politiques ? D'un autre côté, nous avons déjà vu à Genève de quels expédients sont capables les agents de Versailles : un réfugié lyonnais, ayant été arrêté sous un prétexte plausible, la demande de son extradition fut immédiatement adressée par les autorités de Lyon au Conseil fédéral ; le refugié ayant été relâché, faute de preuves sérieuses, fut de nouveau arrêté, et la demande d'extradition fut basée sur l'inculpation de détournement de fonds durant le service public du dit réfugié. Celui-ci, qui a dû *de nouveau* subir la prison, non plus de quinze jours, mais de trente, fut de nouveau relâché, faute d'indices probants et sur sa réfutation complète des inventions de la police lyonnaise ; puis, son extradition fut demandée pour la *troisième* fois, et la prison le menaçait de nouveau, s'il n'avait préféré quitter la Suisse, prévoyant que les autorités françaises ne se lasseront jamais de se servir de procédés inqualifiables pour obtenir une victime de plus.

On voit, par cet exemple, que ces procédés *anéantissent de fait le droit d'asile*, et que si pareil état se prolongeait, il ne resterait de notre belle hospitalité qu'un fantôme trompeur, destiné à amener les réfugiés sur notre sol, pour donner à Versailles la facilité de les saisir !

A nous qui, au début de ces tentatives illicites de Versailles, — avons pris l'initiative de protester contre la violation de notre *neutralité*, à nous aussi il incombait le devoir d'élever notre voix et de la faire entendre aux représentants du Pays, afin qu'ils veuillent bien trancher la question. Si cet état de choses devait être considéré comme normal et admissible, si la Suisse était condamnée à subir la honte de devenir un traquenard pour les hommes qui, se fiant à ses traditions et à sa parole, viennent à sa porte chercher l'asile, — alors, que le peuple suisse sache

que son orgueil légitime du temps de ses ancêtres et pères — devient nul et n'a plus de raison
d'être, que l'héritage de ses pères lui est enlevé
et qu'il n'a qu'à s'attendre à toutes les conséquences fâcheuses de cette funeste brèche faite
à sa neutralité.

Si, au contraire, — comme nous avons le
droit de nous y attendre, — les représentants du
pays venaient solennellement confirmer l'inviolabilité de notre hospitalité, en récusant les
prétentions inouïes du gouvernement de Versailles, en rassurant les peuples de l'Europe et
de l'Amérique sur le sort des réfugiés politiques,
en ordonnant le non-lieu sur toutes les demandes d'extradition, venant des autorités françaises et étant en pleine contradiction avec les
traités, — alors le peuple suisse pourra se ras-
surer, l'émotion profonde va se calmer, et les
autorités fédérales et cantonales pourront être
sûres que leur conduite se trouvera — non plus
en désaccord avec les sentiments du peuple —
mais en parfaite harmonie avec la volonté du
peuple, qui saura toujours accourir à la défense
énergique de sa patrie et de ses belles institutions républicaines.

Les représentants aux Conseils de la nation
savent qu'à côté de cette volonté du peuple, la
Suisse est forte par l'appui de tous les autres
peuples, et que cet appui nous est assuré par
les sympathies internationales pour notre neutralité.

Or, la neutralité nous impose, avant tout, le
devoir de professer l'*impartialité*, car c'est là le

caractère essentiel de la neutralité, en dehors duquel nous ne pourrions plus compter. Ni sur le respect, ni sur les sympathies des autres nations. En vertu de ce principe, nous n'avons jamais protesté contre la présence, sur notre sol, de certains individus titrés qui n'avaient aucun droit à nos sympathies, ayant été fauteurs des calamités irréparables par rapport à tous les peuples. Nous avons assisté paisiblement même à ces procédés peu honorables de certaines personnes couronnées, qui, comme le fils de l'ex-reine d'Espagne Isabelle, lançaient des appels aux armes, des appels à la guerre civile. Nous n'avons pas protesté contre des menées ténébreuses des agents de l'ex-gouvernement impérial français, qui, au su de tout le monde, venaient établir à Genève des conciliabules en vue de renverser la République en France.

Nous, dont les sympathies appartiennent à la liberté, comme seule pouvant assurer la marche de l'émancipation des classes ouvrières, nous n'avons pas voulu jeter l'ombre sur notre impartialité, en accusant les adversaires de la cause de la liberté, d'une conduite illicite sur notre sol.

Et maintenant, ce n'est pas au nom de nos sympathies pour la cause de la révolution communale, ce n'est pas au nom de la solidarité qui lie nos intérêts à ceux de nos frères des autres pays, que nous venons protester contre l'atteinte portée à notre hospitalité ; mais c'est bien au nom des principes les plus sacrés de notre vie politique et sociale, au nom des bases les plus essentielles de notre existence politique qui lie le peuple de Genève à la famille chérie de tous les autres cantons, que nous nous adressons aux représentants de la nation — et par eux à la nation elle-même, — en les priant de mettre un terme à l'humiliation, que la situation équivoque nous fait subir, et de prouver une fois de plus à l'Europe et à la République-Sœur des Etats-Unis que la Suisse tient ferme son drapeau de neutralité et qu'elle proclame toujours et hautement sa devise :

Un pour tous ! Tous pour un !

APPENDICE

Deux questions divisent l'opinion publique sur les événements de Paris et conséquemment sur ceux qui y ont pris une part active. Les partisans des vainqueurs voudraient faire prévaloir l'opinion que l'insurrection Communale fut un acte de malfaiteurs et de bandits, que par conséquent, les défenseurs de la Commune ne peuvent pas prétendre à se couvrir du *caractère politique* de la Révolution; cela se dit *en vue* d'obtenir plus facilement des pays neutres, l'extradition des réfugiés, en vertu des traités sur les malfaiteurs.

Ceux qui professent l'opinion opposée prouvent au contraire que l'insurrection parisienne fut une œuvre essentiellement politique, que le refus de Versailles de satisfaire aux demandes unanimes de la population de Paris, et l'attaque armée de Versailles contre Paris, provoquèrent *la guerre civile*; que dès lors le droit international prescrivait à tous les pays neutres d'accepter pour base de leur conduite, par rapport aux combattants, les deux considérations suivantes :

a) La guerre civile se poursuivait entre les deux partis politiques, dont chacun avait en sa possession une partie du territoire français et une armée aux ordres des autorités publiques, reconnues par la population du territoire que les adversaires occupaient (1), — autorités qui avaient aussi à leur disposition, les finances nécessaires aux exigences diverses de l'Etat ; que, dès lors, les deux combattants avaient un droit égal au titre *de belligérants*, et que, par conséquent, les adversaires avaient de même un droit égal de régler leur conduite d'après les lois et usages de guerre.

b) Que *la guerre civile* doit être envisagée comme toute autre guerre, que tous les actes admissibles dans les guerres ordinaires, le sont aussi dans les guerres civiles ; que, par cette raison, tous ces actes se trouvent absolument en dehors du droit commun ; que, par conséquent, les auteurs de ces actes, — qui trouvent leur explication dans les nécessités de la défense et de l'attaque militaire — ne peuvent jamais tomber sous le coup des lois pénales et civiles et ne peuvent en aucune façon être dépouillés du *caractère politique* reconnu à tout belligérant.

Dans les circonstances présentes, la conclusion à déduire de ces principes est que les hommes, mêlés et ayant pris part à la lutte de Paris

----

(1) Quoique, sur le territoire qu'occupait le gouvernement de Versailles, il y eut contre lui de sanglantes protestations, exprimant l'adhésion de quelques grandes villes au gouvernement de Paris, et protestant contre la légalité du pouvoir de Versailles. Si ces protestations n'eussent pas été brutalement réprimées par le bombardement et les fusillades, il est certain que la France, consultée librement, se serait prononcée pour le gouvernement de Paris.

contre Versailles, ne peuvent point devenir victimes des traités d'extradition, applicables exclusivement aux crimes et délits du droit commun.

A l'appui de ces principes, nous voulons présenter quelques citations, extraites des différents auteurs du droit international.

* * *

I. Dans son droit international codifié, **M. Bluntschli** dit, dans le chapitre sur la guerre :

(Art. 512, note 1.) Lorsqu'un parti politique poursuit la réalisation de certains buts politiques et *s'est organisé en Etat*, il constitue dans une certaine mesure l'Etat lui-même. — *Les lois de l'humanité* exigent qu'on accorde *à ce parti la qualité de belligérant* et qu'on ne le considère *pas comme un ramassis de criminels*. Le parti qui est assez fort pour créer des pouvoirs *analogues* à ceux de l'Etat, qui offre par son organisation militaire des garanties suffisantes d'ordre, et témoigne par sa conduite politique de sa volonté de devenir un Etat, ce parti a un droit naturel à être traité d'après les mêmes principes que l'armée d'un Etat déjà existant.

On diminuera par là les dangers de la guerre, non pas seulement en faveur du nouveau parti, mais encore en faveur de ses adversaires. Si par contre ces volontaires sont poursuivis *criminellement*, la lutte deviendra *plus sauvage*, et on pourra craindre que les deux adversaires ne cherchent à se surpasser mutuellement par leurs actes de barbarie ou la cruauté de leurs représailles.

Plus loin, le même auteur continue :

(Id. note 3.) Il est *indispensable* de respecter le principe ci-dessus dans les guerres civiles ; *le parti*, qui a pour lui les autorités constituées se laissera facilement entraîner à traiter ses adversaires comme des rebelles ; le parti révolté cherchera de son côté à accuser le parti gouvernemental de haute trahison et de violation de la Constitution. *Une fois que les tribunaux criminels ne sont plus respectés*, et que *de fait les deux partis en sont venus à se faire la guerre*, il sera plus logique de suspendre l'application des lois pénales, *de considérer politiquement et militairement ses adversaires comme de vrais ennemis, et de leur reconnaître la qualité de belligérants.* »

* *
*

II. Pour savoir si cette qualité de belligérants peut-être refusée aux défenseurs de Paris contre Versailles, nous n'avons qu'à consulter quelques précédents historiques.

Ainsi, en 1864, lorsque les Polonais, en insurrection, demandèrent au gouvernement français d'être reconnus comme belligérants, le rapporteur de la commission des pétitions au Sénat, M. Stourm, se demandait quels sont « *les traits qui constituent les conditions de la reconnaissance comme belligérants ?*

» Les Polonais ont-ils un gouvernement ?
» Ont-ils une armée ?
» Possèdent-ils une ville, un territoire ? »

Et il répondait : « Nous sommes obligés de répondre négativement à toutes ces questions. Les Polonais en armes n'ont pas de gouvernement, même de gouvernement de fait ; car on ne peut *appeler ainsi la réunion de quelques hommes dont le nom est un mystère et dont la résidence est ignorée.* Il n'est pas possible de considérer *comme une armée* les bandes ou les partis qui se battent tantôt sur un point, tantôt sur un autre, toujours avec courage, mais sans direction aucune, et sous des chefs divers qui ne reconnaissent pas un supérieur unique. Quant *au territoire*, ne peut-on pas dire que ces malheureux Polonais ne possèdent que celui où ils stationnent momentanément, changeant chaque jour avec les mouvements qu'ils sont obligés de faire pour rechercher ou pour fuir leurs ennemis ? Les développements dans lesquels nous sommes entrés démontrent que ce titre de belligérants ne peut leur être reconnu (1). »

Est-il possible de nier que cette réfutation de la qualité de belligérants, faite relativement à l'insurrection polonaise, — contient en elle la reconnaissance la plus positive de la qualité de belligérants en ce qui concerne l'insurrection parisienne. Et nous ajoutons une valeur d'autant plus grande à ces explications, qu'elles ont été formulées par un sénateur de l'Empire, que l'esprit de ce même Empire a présidé à la conclusion du Traité d'extradition et que ce même esprit paraît guider d'une façon non équivoque la conduite et les procédés du gouvernement actuel en France. Ainsi donc, appliquez les questions posées par M. Sturm à l'insurrection parisienne, et vous verrez que les réponses à ces questions affirment positivement le droit des Parisiens au titre de belligérants.

Avaient-ils un gouvernement? — Oui.

Avaient-ils une armée? — Oui.

Possédaient-ils une ville, un territoire?—Oui.

Ce gouvernement n'était pas la réunion de quelques hommes dont le nom fut un mystère; c'était un gouvernement librement élu par les électeurs d'une population de 2 millions d'âmes, et ces électeurs possédaient leur liberté pleine et entière pour nommer ceux qu'ils voulaient; et certes, au point de vue de la régularité électorale et de la détermination des fonctions, dont

---

(1) Commentaire sur les éléments du droit international de Henri Wheaton (T. 1er p. 187).

les électeurs investissaient, en parfaite connaissance de cause, les élus, — certes, le gouvernement de la Commune de Paris était plus légal
que ne l'est le gouvernement de l'Assemblée de
Versailles, Assemblée nommée spécialement
pour la conclusion de la paix ou la continuation
de la guerre avec la Prusse.

La *résidence* de ce gouvernement n'était pas
ignorée; au contraire, elle était connue du monde
entier, et plus connue, surtout au 18 mars, que
la résidence du gouvernement de Versailles en
fuite.

L'*armée de Paris* était aussi plus connue du
monde entier que celle de Versailles, puisque
l'armée de Paris se composait de toute la population armée, de toute cette garde nationale, qui
avait subi le siége des Prussiens et qui affrontait
un second siége, non plus des Prussiens, mais de
ceux qui ont fait semblant de vouloir combattre
les Prussiens. Et pour anéantir cette grande
armée nationale, le gouvernement de Versailles
recrutait son armée de *vainqueurs* dans tout ce
qu'il pouvait ramasser parmi les anciens agents
de police, les volontaires et les prisonniers de la
première guerre.

Inutile d'insister sur les autres attributs,
sur ce que l'armée de Paris combattait sous la
direction suprême de la Commune, et sur ce que
le territoire, en possession de la Commune, était
habité par deux millions d'âmes, et avait ses
forteresses, ses édifices publics, ses finances,
son alimentation...

Du reste, nous devons mentionner, comme un

fait d'une grande importance, que le gouvernement de Versailles lui-même, ainsi que les am-
bassadeurs de divers États, entraient en relations
avec le gouvernement de la Commune, et ces
relations impliquaient nécessairement la reconnaissance du titre de belligérant au pouvoir de
Paris. C'est ainsi que M. Thiers lui-même donnait l'ordre à la Banque de France de verser à la
caisse de la Commune les millions qui de droit
appartenaient à la ville de Paris. Or, si les membres de la Commune n'étaient qu'un *ramassis
de brigands*, M. Thiers devrait donc être accusé
de complicité avec ces brigands? De plus, il y a eu
des suspensions d'armes, d'après la convention
mutuelle entre Paris et Versailles, il y a eu des
pourparlers et des propositions, — ces faits ne
prouvent-ils pas assez, que la logique des faits
forçait même le gouvernement de Thiers à considérer les combattants de Paris comme belligérants? Car, il est clair que, si les partisans de la
Commune étaient des brigands, des malfaiteurs,
des criminels en un mot, personne n'aurait pu
songer à ce qu'ils respectassent les conventions
de la suspension d'armes, et tous auraient dû
supposer que les Parisiens seraient dans ce cas
capables de violer leur parole de la manière la
plus infâme. — Or, le monde sait que ce ne fut
pas ainsi, et que si la trahison, la corruption, la
mauvaise foi ont joué un grand rôle dans la lutte
finale — ces moyens ont été employés par les
partisans de Versailles, ainsi que l'attestent les
journaux officiels et officieux du gouvernement
de Versailles et les récompenses honorifiques

que ce gouvernement a accordées à quelques personnages qui facilitèrent l'entrée clandestine des troupes versaillaises à Paris.

Si nous jetons nos regards sur les rapports entre la Commune et les représentants des autres Etats, nous constatons le même fait, à savoir que plusieurs d'entr'eux ont eu des relations avec la Commune, qui impliquent la reconnaissance du titre de belligérants *ipso facto*.

C'est ainsi que les autorités prussiennes faisaient plusieurs communications aux autorités de la Commune.

C'est ainsi que l'ambassadeur américain restait à Paris, au lieu de suivre le gouvernement de M. Thiers à Versailles, et avait des relations fréquentes avec la Commune.

C'est ainsi qu'au parlement belge, le ministre M. Anethan annonçait, dans la séance du 23 juin, que « la légation belge avait obtenu de la Commune la mise en liberté de tous les Belges qui se trouvaient au nombre des otages » (1).

Et toutes ces relations étaient des plus naturelles, car l'insurrection, ou la révolution, comme

---

(1) «Quoi, s'écrie à ce propos un journal, *Les Nouvelles du Jour*, la Commune observe la loi internationale et défère aux observations des gouvernements étrangers! Quoi, la légation belge a parlementé avec la Commune, et elle a obtenu justice, tandis que depuis un mois, elle n'a pu faire mettre en liberté un seul de nos compatriotes, enfermés par le gouvernement civilisé de Versailles et soumis à toutes les tortures physiques et morales qui abrègent la funèbre besogne des conseils de guerre. »

toute guerre, n'exclut pas les obligations morales d'humanité envers les divers nationaux de
la part du pouvoir du territoire où la lutte est
engagée. On a vu le gouvernement du 4 septembre faire une chasse sans précédent contre
les Allemands, les expulser de la France, sans
aucun discernement, mais on n'a pas vu le gouvernement de la Commune poursuivre la même
politique étroite et mesquine : les nationaux de
tous les pays pouvaient jouir d'une parfaite sécurité sous la Commune : en respectant les
autres nations, la Commune affirmait d'une manière catégorique son droit au titre de belligérante.— Le rapporteur du sénat, M. Sturm, que
nous avons cité plus haut, et en qui nous serions
en droit de supposer l'adversaire le plus irréconciliable de la Commune, disait, entr'autre,
dans son rapport :

« Nous pouvons avoir des relations commerciales
avec un peuple en état d'insurrection ; plusieurs de
nos nationaux peuvent habiter sur son territoire : ils
peuvent y être propriétaires, y exercer différentes
industries. Ils ont *besoin* d'être protégés et défen-
dus.... »

En effet, ce besoin lui-même crée la nécessité
inévitable de considérer les insurgés comme
belligérants. C'est pour cela aussi, que le même
rapporteur pouvait dire avec raison :

« Dans les usages du droit des gens, le caractère de
belligérant constitue une question de fait dont chaque
gouvernement reste juge ; il suffit pour que la reconnaissance puisse avoir lieu, que la portion du
peuple révolté ait réuni des éléments de force et de
résistance de nature à constituer un état de guerre

régulier, sous la direction d'un gouvernement de fait exerçant les droits apparents de la souveraineté... »

Mais mieux qu'aucun autre exemple, celui de la récente guerre civile aux États-Unis prouve qu'une pareille guerre établit nécessairement entre les deux parties le caractère de belligérants, et que ce caractère doit être reconnu à titre égal aux partis qui luttent les armes à la main.

On sait que le titre de belligérants a été reconnu aux insurgés des Etats du Sud par la plupart des gouvernements européens. Au sujet de ces affaires d'Amérique, lord John Russell rappelait (le 8 mai 1861) la réponse faite par M. Canning aux remontrances de la Porte :

« En ce qui touche les droits de belligérants, disait-il, dans les cas où certaines parties d'un Etat sont en insurrection, nous avons eu en 1828 un précédent... le gouvernement britannique a accordé les droits de belligérants au gouvernement provisoire de Grèce... le gouvernement anglais informa M. St. Canning que « le caractère de belligérants n'*est pas tant un prin-* « *cipe qu'un fait ;* qu'un certain degré de force et de « consistance, acquis par une masse de population « engagée dans une guerre, donnait à cette popula- « tion le droit d'être traitée en belligérante, et si « même ce titre était contestable, il était de l'intérêt « bien entendu de toutes les nations civilisées de la « traiter comme telle... »

Le gouvernement fédéral des États-Unis fut obligé lui-même de reconnaître aux Sudistes la qualité de belligérants. Divers jugements des cours d'amirauté des Etats-Unis par rapport au blocus, établi en avril 1861,

« Ont été confirmés, en mars 1863, par la cour suprême des Etats-Unis, qui a été unanime à déclarer

qu'il *existait une guerre civile avec toutes les consé-*
quences d'une guerre territoriale publique. La majorité
des juges a été d'avis, que cette guerre existait, sans
aucun acte de la part du Congrès, depuis la procla-
mation du Président, en avril 1861. — Les déclara-
tions de neutralité — fait observer à ce propos
M. Wheaton (1) — faites par la France et la Grande-
Bretagne, en mai et en juin 1861, et qui furent sui-
vies par celles des autres puissances, ne sont donc
que les corollaires des actes du gouvernement américain. Celui-ci en effet, a été le premier à établir les
droits de guerre dans les Etats séparés. »

Nous citons ces faits uniquement pour démontrer que puisque la règle générale adoptée
par l'Europe et l'Amérique jusqu'à présent,
— était de reconnaître le droit de belligérants,
aux deux partis en lutte dans une guerre civile,
la différence de la cause, de la guerre civile en
question ne peut et ne doit modifier en rien
cette règle du Droit international; et ce n'est
pas parce que Paris combattait pour la liberté,
et les Sudistes des Etats-Unis pour l'esclavage,
qu'on pourrait refuser à la population de Paris la
qualité qu'on accordait avec un si grand em-
pressement à la partie blanche de la population
des Etats du Sud.

Pour que toute équivoque disparaisse, nous
ajouterons encore que selon le Droit international, l'idée d'un succès ou d'une défaite probable
ne doit entrer pour rien dans la reconnaissance
du titre de belligérant. Ainsi, en 1836, lorsque
le Texas voulut se séparer du Mexique, et se

---

(1) H. Wheaton. *Commentaires sur les éléments du*
Droit international, etc., t. I, p. 185.

mit en insurrection, le gouvernement des Etats-Unis lui accorda pleinement le droit de belligérant et déclara :

« Que l'on n'avait jamais considéré comme préliminaire obligé à l'extension des droits d'hospitalité à l'un ou à l'autre parti, que *les chances de la guerre fussent balancées* ou *que la probabilité du succès définitif fut déterminée.* On avait donc jugé suffisant que l'une des parties eût déclaré son indépendance et la maintînt positivement à l'époque. »

Nous croyons avoir suffisamment prouvé par les quelques exemples et les opinions d'hommes compétents que nous venons de citer, que la guerre civile, dans certain cas comme celui de la Révolution du 18 mars, oblige les neutres à considérer les partis en lutte comme partis belligérants, et que les belligérants dans une guerre civile, — d'après le droit international — peuvent se guider par les règles et les conditions de toute guerre, sans encourir pour cela le risque de tomber dans les rangs des criminels, auxquels pourraient être appliqués les peines du Code pénal !

En d'autres termes, comme le déclarait la Cour suprême des Etats-Unis en 1863 — LA GUERRE CIVILE ENTRAÎNE TOUTES LES CONSÉQUENCES D'UNE GUERRE TERRITORIALE PUBLIQUE...

Il nous reste donc à voir, en nous appuyant toujours sur les précédents et les opinions des autorités de la science, — si, dans la guerre qui a eu lieu entre Versailles et Paris, — les membres de la Commune ainsi que les autres défenseurs — n'ont pas commis des actes que la guerre ordinaire n'admet pas, et, si en commettant de ces actes, non admis par les us et coutumes de guerre, — ils ne se sont pas dépouillés de leur caractère politique? —Nous nous bornerons à examiner deux des plus terribles accusations, que le gouvernement de Versailles lance contre ses adversaires réfugiés, espérant par là abaisser ces vaincus, jusqu'au titre de malfaiteurs et criminels communs.

I. Dans son ouvrage sur les « éléments du droit international » Henri Wheaton (1), affirme que :

« En général on peut établir que les droits de la guerre, relativement à l'ennemi, doivent se mesurer d'après le but de la guerre. Pour arriver à ce but, et jusqu'à ce qu'il l'ait atteint, le belligérant a, strictement parlant, *le droit d'employer tous les moyens qui sont en son pouvoir*... Le droit naturel n'a pas précisément déterminé jusqu'à quel point un individu peut faire usage de la force, soit pour se défendre contre une offense à lui faite, soit pour obtenir réparation quand elle est refusée par l'agresseur, ou pour châtier l'offenseur. Nous ne pouvons recueillir de cette loi que la règle générale, qu'un pareil emploi de la force pour arriver à ses fins n'est pas défendu quand il est nécessaire.....

» *Tuer des prisonniers* ne peut se justifier que dans ces cas extrêmes où la résistance de leur part ou *de la part des autres qui viennent les délivrer, rend impossible de les garder....* »

---

(1) H. Wheaton, envoyé extraordinaire et ministre plénipotentiaire des Etats-Unis d'Amérique près la cour de Prusse, membre honoraire de l'académie royale des sciences de Berlin, membre correspondant de l'académie des sciences morales et politiques dans l'Institut de France.

..... « La même règle générale qui détermine jusqu'à quel point il est légal de détruire la personne des ennemis, servira de guide pour juger jusqu'à quel point il est légal de ravager ou de laisser dévaster leur pays. Si ce moyen est *nécessaire* pour arriver au juste but de la guerre, il peut être employé légalement, mais non pour un autre objet. Ainsi si *nous ne pouvons arrêter les progrès d'un ennemi*..... *le cas extrême peut justifier* le recours à des mesures que l'objet ordinaire de la guerre n'autorise pas. Si l'usage moderne a sanctionné d'autres exceptions, on les trouvera dans *le droit de représailles* ou rétorsion de fait. *Le code international est en entier fondé sur la réciprocité.* »

II. « Comme la guerre, — dit M. Bluntschli, — est un état exceptionnel, et que les lois de la guerre sont exceptionnelles et aussi basées sur la nécessité, *les mesures jugées indispensables* par les autorités militaires *ne peuvent pas être attaquées comme nulles*, lorsqu'elles sont contraires à la constitution ou aux lois du pays.» (Art. 516.)

« Les otages......... les personnes dont les autorités militaires se sont emparées *à titre d'otages*, sont traités de la même façon que *les prisonniers de guerre*. Cependant, le but qu'on se propose en recevant ou en prenant les otages, peut obliger envers ces derniers à des mesures plus ou moins sévères et à une réclusion plus complète. » (Art. 600.)

Dans un autre article, par rapport aux prisonniers auxquels les otages sont assimilés, on voit que les otages courent parfois le danger d'être fusillés : « Lorsque l'ennemi ne respecte pas les usages de la guerre, ou recourt à des moyens interdits par le droit international, les *représailles* sont autorisées.... si des sauvages torturent leurs prisonniers et les mettent à mort, les troupes *civilisées peuvent au maximum (? !) fusiller leurs prisonniers...* » (Art. 557.)

« Le droit international respecte, même en guerre, les principes du droit établi et de l'ordre public; il abhorre le crime. *Mais*, lorsque l'armée ennemie se décourage à la suite de *l'assassinat* de son chef, ou lorsque *l'incendie* détruit un des ouvrages de défense de l'ennemi, *ce sont là des événements* HEUREUX (!) dont on a le droit de profiter. L'esprit chevaleresque et l'honneur d'une armée peut l'engager à ne pas exploiter le malheur d'autrui, *mais on ne violera pas* le droit international en agissant autrement. » (Art. 561, note 1.)

On voit par ces quelques citations que ce qu'on appelle le droit international et le droit des gens, — sanctionne pour ainsi dire d'une manière brutale toutes les horreurs qui se commettent pendant les guerres, horreurs, qui sont les attributs intégrants de la guerre, et forment le cortége lugubre de ces terribles irruptions de toutes les passions humaines. Il ne nous appartient pas ici de monter jusqu'aux sources de ces calamités sanglantes, de faire voir quelles en sont les véritables causes, quelle est la maladie qui ronge l'organisme social et politique, et quels doivent être les remèdes pour conjurer les orages, qui grondent sourdement sous terre, lorsqu'ils n'éclatent pas d'une manière foudroyante !

Tel n'est pas le problème que nous nous sommes imposé dans cet écrit; aussi ne nous arrêterons-nous pas même sur les fauteurs, sur les vrais coupables de ces atrocités périodiques qui revêtent de plus en plus le caractère d'une lutte irréconciliable, d'un combat implacable entre les deux camps de la société actuelle.

Il nous suffit d'indiquer que les événements de Paris sont le résultat logique de cette même maladie sociale, de cet antagonisme, dont la responsabilité ne peut en aucune façon retomber

sur les défenseurs de la Commune de Paris. Il
nous suffit, à côté de cela, de démontrer que la
Révolution de Paris ayant été forcée de dégéné-
rer en une guerre civile, — cette guerre doit
être considérée comme toute autre, et les mêmes
lois doivent lui être appliquées.

Nous avons cité quelques passages des autorités juridiques; or, ces autorités ont érigé en
lois de la guerre les usages, qui se sont pratiqués
jusqu'à présent dans l'histoire des rapports ex-
térieurs des peuples et des rapports intérieurs
d'une nation.

Nous croyons qu'il est très-instructif de citer
encore quelques opinions de la presse libre,
expliquant le rapport entre les lois et les usages
généraux de la guerre, et les actes qui sont *attribués* à la Commune. Nous disons *attribués*, parce
que nous ne voulons même pas nous permettre
ici d'entrer dans toutes sortes de *conjectures* ;
nous ne voulons pas même nous prononcer pour
telle ou telle opinion : pour celle qui affirme
que les incendies de Paris ont été allumés par
les adhérents de la Commune, pour cause de
défense légitime; ou pour celle qui atteste que
les incendies, en plus grande partie, ont été cau-
sés par les obus des partisans de Versailles. —
Ce n'est pas nous, ce sont les organes de la
presse, dite indépendante, qui émettent des opinions, que nous tâcherons de résumer ici en
quelques lignes. Nous empruntons les citations
suivantes à la presse anglaise, par les motifs qui
ont été expliqués plus haut, dans le Mémoire.

« C'est en vain, écrit un correspondant bien informé
du *Times*, correspondant qui est reconnu en quelque

sorte comme un juge compétent dans les questions militaires, — c'est en vain qu'on voudrait dire que la
torche fut mise dans les mains des incendiaires par
des instincts sauvages et par une barbarie des plus raf-
finées. C'est un fait étrange à constater que, quoique
ces hommes déclarassent une lutte inexorable contre
la religion, aucune église, aucune chapelle n'ont été
détruites, tandis que, d'un autre côté, deux théâtres
populaires, où furent joués les drames de V. Hugo et
de F. Pyat, — ont été réduits en ruines. Ce n'est pas
un simple accident qui a conduit à ce résultat, pas
plus qu'un simple désir de faire du mal ; les insurgés
suivaient un plan de défense, concerté et arrangé au-
paravant, et pour lequel ils avaient préparé tout ce
qu'il fallait. Quand on examine quels étaient les endroits choisis pour la construction des barricades, on
est obligé de constater ce fait irrécusable que presque
tous ces endroits se trouvent à proximité immédiate
des édifices qui ont été brûlés, ou qu'on a essayé de
détruire. »

« Rasez ou brûlez les maisons qui font obstacle
à votre plan de défense — écrivait Delescluze à Dom-
browski — les barricades ne doivent pas être assail-
lies depuis les maisons. »

« Il est clair — dit M. Humphry Sandvith (1) — que
l'incendiarisme était un simple acte de guerre,
et pour ma part je préférerais voir brûler la cathé-
drale de Saint-Paul ou l'abbaye de Westminster,
comme un acte de guerre défensive, plutôt que de di-
riger le jeu de cinquante pièces d'artillerie sur des
milliers d'êtres humains... »

« En ce qui concerne *l'incendie* de Paris — dit un
autre organe de la presse anglaise (2) — on a dit et
c'est très-vrai, qu'il ne pouvait pas y avoir de raisons militaires proportionnées à une pareille mesure.

(1) L'auteur d'un article dans la *Fortnightly Review*,
une des revues les plus estimées en Angleterre, nu-
méro de juillet.
(2) *Economist*, 10 juin.

Mais pouvons-nous nous faire juges nous-mêmes de
« la juste proportion » dans un cas pareil? *Les Communistes* (1) disent que cela retardait la marche des troupes et donnaient à beaucoup de leurs soldats la possibilité de s'échapper, ce qu'ils n'auraient pas pu faire autrement. Est-ce à nous de juger si c'est, oui ou non, une
raison suffisante? Certes, nous condamnons cette raison comme inadmissible, car dans le fond de *notre cœur*
nous pensons que de pareils édifices ont infiniment plus
d'importance pour la France et pour le monde entier,
que la vie d'un grand nombre des Communistes (!)
Mais pourrions-nous nous attendre à ce que les Communistes acceptent un tel raisonnement? Si nous nous
faisions juges de la « juste proportion » des motifs
militaires, par lesquels ces actes sont expliqués, nous
aurions pu être appelés à livrer aux Communistes,
s'ils avaient triomphé, le commandant du Mont-Valé-
rien, comme criminel, pour avoir lancé sur Paris
des obus, dont une grande partie ont causé un grand
mal aux Parisiens, sans aucun profit pour l'action
militaire... »

« Le plus horrible et le plus détestable des faits de
la Commune fut l'exécution des otages — dit encore
M. H. Sandvith. Ce fut un acte de guerre barbare. Au
commencement du conflit, M. Thiers, le vénérable
apôtre du Napoléonisme, a ordonné, avec sang froid,
de mettre à mort les prisonniers, pris dans les com-
bats. Pour mettre un terme à cette manière d'agir, il fut
jugé nécessaire de saisir des otages, et d'avertir qu'on
userait de représailles. Un archevêque et certains
hommes riches, connus comme partisans de Versailles,
furent choisis dans ce but, et les boucheries versaillaises cessèrent pour quelque temps. La Commune a

---

(1) Nous faisons observer ici la grosse erreur (qui
est due soit au jésuitisme, soit à l'ignorance) que la
presse commet dans l'emploi de cette expression —
les adhérents de la Commune peuvent être nommés
Communalistes, ou *Communiers*, comme on les appelait
dans l'histoire des insurrections communales de
France, mais l'expression *Communiste* n'a rien à faire
avec la Commune !

suivi l'exemple du roi de Prusse, qui faisait placer des hommes riches, des notables de villes et villages, sur les locomotives, quoiqu'on n'ait jamais prouvé que ces riches notables aient tiré un coup de fusil ou commis quelque acte de guerre. Les otâges de Paris furent tenus dans un confort tolérable, tandis que ceux du roi Guillaume endurèrent des tortures excessives. Si M. Thiers avait voulu échanger Blanqui contre une douzaine de ces prêtres, ou si simplement il s'était abstenu de massacrer les prisonniers, l'archevêque et tous les autres seraient vivants à cette heure... Personne ne peut dire combien d'êtres humains furent sauvés par la prise des otages, parce que cela arrêta pour quelque temps les Versaillais ; et quand à la fin les *prisonniers de guerre* furent fusillés sans merci ni discernement, la Commune s'est crue justifiée dans l'accomplissement de sa déclaration... »

Nous devons constater que cette opinion n'est nullement isolée en Angleterre ; la revue que nous avons déjà citée, l'*Economist* émet presque littéralement le même avis :

« Nous savons que les allemands ont comme la Commune, pris des otages innocents, — et ont déclaré, tout comme elle, que ces otages seraient exécutés si un seul soldat allemand était privé de la vie par une personne, ne portant pas l'uniforme de l'armée régulière, par un franc-tireur ou autre ; et il y eut certes des cas où cette menace fut exécutée. N'est-il pas clair qu'un pareil acte, qu'un Allemand peut commettre dans une guerre ordinaire, pour des motifs exigés par l'art militaire, — qu'un pareil acte *doit être classé dans la catégorie des crimes politiques,* lorsqu'il est commis par un français dans la guerre civile? — *Car que devrait-on considérer comme un crime politique,* si un acte que le sentiment public reconnaît pour être sanctionné par les usages de guerre, s'il est dirigé contre un ennemi déclaré, — ne serait pas compris dans cette catégorie ?

«Un crime peut-il être appelé un crime ordinaire, c'est-à-dire crime provoqué par un mobile privé et personnel — lorsque, par des raisons militaires, un Etat peut employer ce crime comme moyen contre un adversaire armé, sans soulever par cela l'indignation générale ! — Certainement, en guerre civile, nous devons nous attendre à plus de violence encore qu'en guerre extérieure, et par conséquent nous devons admettre comme crimes *typiques* de la guerre civile — des moyens plus affreux encore que ceux adoptés dans les guerres ordinaires. Or, la saisie et l'exécution des otages, à titre de représailles, pour des actes considérés par l'un ou l'autre parti comme déloyaux, — est malheureusement *un des incidents réguliers* même dans les guerres entre nations. Nous savons que des exécutions de même genre, quoique dans des proportions moins grandes et moins outrageantes pour les sentiments de la nation, ont eu lieu maintes fois pendant la grande guerre civile en Amérique.

« Supposons maintenant qu'on ait exigé de nous d'extrader un chef de l'armée de la Confédération du Sud, qui se fût réfugié chez nous et qui eût tué un ou deux otages pour venger ses parents ou ses amis fusillés par ordre de la cour martiale. Aurions-nous pris cette demande en considération, ne fût-ce que pour un seul moment (1) ? Et maintenant, si nous livrons quelqu'un des chefs communistes, parce qu'ils ont participé à l'atrocité commise sur l'archevêque de Paris, nous aurons créé pour nous-mêmes un antécédent, dont il nous serait difficile de nous débarras

_____

(1) Nous devons rappeler ici, pour l'honneur du peuple américain et de son gouvernement, la ligne de conduite, qui a été adoptée par eux, quant aux Confédérés insurgés. Une large amnistie fut appliquée aux chefs des insurgés ; pas un n'a été ni fusillé, ni déporté, ni même condamné à la prison ; le chef civil Davis, ainsi que le chef militaire Lee ont été mis en liberté. Cela fait un contraste d'autant plus frappant aux persécutions haineuses de Versailles, que la fin de la guerre civile en Amérique a été accompagnée d'un crime atroce : l'assassinat du président Lincoln.

ser en pareil cas à l'avenir. Certainement, cette politique de prendre des otages et de les passer par les armes est une politique terrible, barbare, qui ne peut être assez sévèrement condamnée, mais c'est un des rudes expédients de la guerre qui, probablement, ne seront pas abandonnés tant qu'il y aura des guerres.

» Mais, quoique nous puissions grandement regretter cette nécessité, nous ne pouvons néanmoins refuser la protection à ceux qui y ont recours dans des circonstances plus barbares que jamais, — la protection que certainement nous accorderions à des personnes qui auraient commis des actes identiques dans le principe, quoique moins atroces...

» Si seulement nous devons maintenir le droit d'asile nous devons clairement interpréter « les délits d'un caractère politique » dans le sens général, et ne pas tenter de tracer une ligne de démarcation entre les différents genres de délits de même espèce. Si l'exécution des otages, pris pour vous assurer que vos prisonniers seront traités comme prisonniers de guerre, et si l'incendie des édifices publics et privés en face des troupes ennemies, — si ce ne sont pas là des délits d'un caractère politique, alors nous craindrions bien que le droit d'asile pour les accusés de délits politiques ne vienne bientôt à disparaître totalement. Nous n'éprouvons que de l'horreur pour les délits eux-mêmes, mais nous pensons néanmoins qu'il ne peut dans ce moment, rester aucun doute, que ces délits ne soient compris dans la catégorie de ceux qu'on a expressément tenu à placer en dehors de toute atteinte par le traité d'extradition. »

D'autres journaux professent le même point de vue et déclarent que l'Angleterre ne voudra jamais donner au premier despote venu le droit de s'adresser à elle pour l'extradition des réfugiés politiques. « Nous paierions bien cher,—s'écrie l'*Examiner*, notre sympathie, mal placée envers ce pauvre M. Thiers, si nous allions extrader les communistes; cette extradition pèserait sur nous comme une pierre attachée au cou ;... il vaut bien mieux que quelques communistes puissent se mettre à l'abri des poursuites, que de laisser s'établir un précédent, *qui pourrait porter un préjudice à la cause de la liberté politique*... Avant tout, nous devons consulter notre propre dignité et indépendance, et, comme le respect de nous-mêmes (*self-respect*) nous a empêchés de faire à l'Amérique la demande pour l'extradition des *fénians*, ce même respect doit nous guider maintenant dans ce qui, après tout, est exactement la même chose. Les communistes peuvent être des criminels politiques de la plus pire espèce, mais quant à fausser la loi dans le but de l'appliquer d'une manière qui n'a jamais été prévue, — ceci serait complètement en dehors de nos mœurs et usages, et certainement nous ne pouvons assez nous prémunir contre un pareil cas, dans les intérêts les plus hauts de la justice. »

« Ce serait, — déclare le *Daily-News*, — livrer les accusés à *la vengeance* bien plutôt qu'à *la justice*. »

» Il vaut mieux, — conclue le *Saturday Review*, — pécher par un respect excessif du droit d'asile que d'entreprendre, sous la pression de sentiments forcés, la défense *d'un parti* dans un pays étranger.»

Telles sont les opinions de la presse anglaise et tel est le sentiment du peuple anglais qui fait que toutes les convoitises haineuses d'un adversaire se brisent contre la ferme volonté de l'Angleterre, comme contre un rocher inébranlable, qui protége la liberté et l'indépendance de ce pays.

Après tout ce que nous avons dit, après tous les faits que nous venons de rappeler sur ces pages, nous croyons avoir suffisamment démontré que la question de l'extradition des réfugiés politiques est une question qui met en jeu toutes nos institutions, qui touche intimement à tous nos sentiments de moralité et de justice.

La liberté politique repose sur la liberté individuelle; cette liberté donne droit à tout homme de professer les principes qu'il trouve le plus en harmonie avec ses aspirations politiques, et, partant de là, d'appartenir à tel ou tel parti politique. Or, si les adhérents d'un parti devraient être poursuivis comme des malfaiteurs et des criminels, c'en serait fait et de la liberté individuelle et de la liberté collective, et le peuple, atteint ainsi dans l'indépendance personnelle de ses citoyens, n'aurait plus de garanties par son indépendance nationale.

Un jour viendrait alors, où un gouvernement pourrait nous qualifier de malfaiteurs, parce que nous, peuple suisse, représentons, en Europe, le grand parti républicain, et parce que nous aurions eu l'indigne faiblesse de laisser croire à un tel gouvernement, en favorisant ses poursuites, que nous nous abaissons jusqu'à confondre les combattants politiques avec les malfaiteurs criminels!

Que ceux donc, à qui les intérêts de l'Helvétie sont chers et précieux, se joignent à nous; qu'ils repoussent, comme nous, avec indignation, les fausses interprétations des traités, et qu'ils prouvent aux détracteurs des principes républicains, que le peuple suisse est résolu à maintenir son honneur et à sauvegarder sa neutralité intacte et intègre.

Au nom de l'Association politique ouvrière nationale,

La Commission :

Jacques Grosselin.   Philippe Perrenoud.
Henri Perret.   Philippe Becker.
Jacob Spillmann.   Franky Candaux.

www.ingramcontent.com/pod-product-compliance
Lightning Source LLC
Chambersburg PA
CBHW050545210326
41520CB00012B/2717